MLADI UČENCI
VSE O
PSI

CHARLOTTE THORNE

www.thomasinemedia.com
ISBN: 979-8-8690-0096-5

MLADI UČENCI

VSE O PSI

CHARLOTTE THORNE

Pse pogosto imenujejo
človekov najboljši prijatelj. So
neverjetne živali, ki že zelo
dolgo živijo z ljudmi.

Udomačitev psov sega vse do sivega volka. Udomačitev pomeni, da smo ljudje ukrotili žival, da bi živela z nami.

Zaradi selektivne vzreje so ljudje ustvarili različne vrste delovnih mest za pse!

V starem Egiptu je imel bog Anubis glavo šakala, ki je bila žival, sorodna psom.

Znana jamska slika v Evropi prikazuje starodavne ljudi, ki lovijo s starodavnimi psi.

Med vojno so psi služili kot bojne živali in pomagali vojakom pri nevarnih delih.

Psi pripadajo družini Canidae. Družina Canidae vključuje tudi volkove, lisice in druge divje pse.

Psi lahko vohajo marsikaj, saj imajo 300 milijonov receptorjev.

Njihov sluh je neverjeten. Slišijo lahko visokofrekvenčne zvoke, ki jih mi ne moremo.

Po vsem svetu je veliko znanih psov.

Hudi ovčar Lassie je ikona v knjigah, filmih in na televiziji. Znana je po svojih reševalnih akcijah.

Husky Balto je leta 1925 vodil ekipo vlečnih psov po Aljaski. Bolnim ljudem so dostavili pomembno zdravilo.

Nemški ovčar Rin Tin Tin je bil eden najbolj znanih pasjih igralcev in velja za prvo filmsko zvezdo o psih na svetu.

Oglejmo si različne pasme psov.

Labradorci so prijazni psi. Imajo ljubezen do vode.

Nemški ovčarji so pametni in močni. So delovni psi in imajo zaščitniške lastnosti.

Zlati prinašalci so igrive, priljubljene pasme. So lepi in napolnjeni z osebnostjo.

Buldogi so nagubani in imajo čokato telo. So ljubeči kužki.

Beagli so radovedni psi in se uporabljajo pri lovu. Imajo viseča ušesa.

Pudlji so ena najbolj inteligentnih pasem psov in so znani kot modni psi.

Rottweilerji so močni psi. So ljubki dojenčki.

Yorkshirski terierji so majhni snopki energije. Imajo dolge plašče in radi potujejo v torbicah.

Boksarji so igrivi mladiči. Imajo kvadratno glavo in radi so aktivni.

Jazbečarji so dolgi "hot dog" psi, zaradi česar so edinstveni. Imajo velik duh za majhno telo!

Sibirski haskiji vlečejo sani in so zelo glasni, prijazni psi. Imajo tudi svetlo modre oči.

Dobermanski pinči so elegantni, močni psi. So zaščitni varuhi.

Shih Tzuji so majhni naročni psi. So zelo prijazni hišni ljubljenčki.

Nemške doge so zelo visoki psi. Lahko so zelo sladki.

Borderski ovčarji so gibčni in pametni. Imajo veliko energije.

Šetlandski ovčarji so slišeči psi. Znani so po svoji gosti grivi krzna.

Čivave so majhne, a imajo veliko srce. Sladki so, ko so spoštovani.

Welsh Corgi Pembroke so majhni, vendar imajo velika ušesa. Presenetljivo so slišeči psi.

Bernardin je znan po svojem reševalnem delu. So nežni velikani.

Avstralski ovčarji so pametni in gibčni hišni ljubljenčki. Delajo kot pastirski psi.

Mopsi so majhni, zgubani srčki. Imajo zelo igriv, a trmast značaj.

Aljaški malamuti so vlečni psi in lahko preživijo v mrzlih podnebjih.

Avstralski terierji so majhni z grobo dlako. So odlični hišni ljubljenčki.

Basenjiji imajo jodlu podobne jodlu. So super pametni in neodvisni psi.

Bichon Friséji so videti kot oblaki. Imajo vesele osebnosti.

Krvni psi imajo povešena ušesa in odličen voh. Uporabljajo se tudi pri reševanju.

Bostonski terierji imajo smoking plašče. So prijazni kužki.

Cavalier King Charles španjeli imajo najboljše osebnosti, pa tudi lepe plašče.

Koker španjeli imajo dolga svilnata ušesa in v njih je pridih razreda.

Angleški mastifi so velikanski psi! So mirni in ljubki.

Akite so plemeniti hišni ljubljenčki. Znani so po svojem gostem kožuhu.

Maltežani so elegantni majhni beli psi in obožujejo pozornost.

Burmanski plašarski psi so zelo veliki, a zelo nežni.

Pomeranci so puhasti mali psi. Imajo drzne osebnosti.

Rodezijski grebenarji imajo na hrbtu "greben" dlak. Uporabljajo se za lov.

Irski seterji so elegantni, živahni psi. So odhajajoče lepotice.

Papillonova ušesa izgledajo kot metulji. So prijazni srčki.

Whippeti so super hitri in zelo okretni ter nežni do svojih ljudi.

Šar-peji so zelo nagubani. So zvesti in zaščitniški psi.

Dalmatinci so energični psi in so uradni simbol gasilskih domov.

Psi pomagajo ljudem vsak dan.

Mnogi psi delajo kot službene živali in pomagajo ljudem s posebnimi potrebami.

Iskalni in reševalni psi med nesrečami iščejo pogrešane ljudi.

Psi delajo ob rami s policijo. Mladički, ki ne prestanejo šolanja, gredo v ljubeče družine.

Terapevtski psi zagotavljajo čustveno podporo ljudem v bolnišnicah in v javni varnosti.

Psi so pomemben del našega vsakdana. Pomembno je skrbeti za pse. Niso samo pridni delavci, ampak pomembni člani naših družin!